等你来的广西
（人文景观篇）

覃彩连　蒋　瑜　翟禄新 / 编

图书在版编目（CIP）数据

等你来的广西.人文景观篇/蒋瑜等编.--北京：气象出版社，2019.3

ISBN 978-7-5029-6942-4

Ⅰ.①等… Ⅱ.①蒋… Ⅲ.①广西—概况 Ⅳ.①K926.7

中国版本图书馆 CIP 数据核字 (2019) 第 044348 号

Dengnilai de Guangxi（Renwen Jingguan Pian）
等你来的广西（人文景观篇）

出版发行：气象出版社				
地 址：北京市海淀区中关村南大街 46 号		邮 编：100081		
电 话：010-68407112（总编室） 010-68408042（发行部）				
网 址：http://www.qxcbs.com		E-mail：qxcbs@cma.gov.cn		
责任编辑：张盼娟		终 审：张 斌		
责任校对：王丽梅		责任技编：赵相宁		
封面设计：楠竹文化		插 图：陈 旺		
印 刷：中国电影出版社印刷厂				
开 本：889mm×1194mm 1/32		印 张：1.5		
字 数：39 千字				
版 次：2019 年 3 月第 1 版		印 次：2019 年 3 月第 1 次印刷		
定 价：9.00 元				

本书如存在文字不清、漏印以及缺页、倒页、脱页等，请与本社发行部联系调换。

目 录

1 少数民族 ·· 1
   1.1 壮族 ·· 1
   1.2 瑶族 ·· 2
   1.3 苗族 ·· 3
   1.4 侗族 ·· 3
   1.5 仫佬族 ·· 4
   1.6 毛南族 ·· 5
   1.7 京族 ·· 5

2 多元语言 ·· 6

3 美食文化 ·· 7
   3.1 醇香米粉 ·· 7
   3.2 鸡鸭鱼类 ·· 8
   3.3 水果之乡 ·· 10
   3.4 糕点米饭 ·· 13
   3.5 特色风味 ·· 15

4 特色民居 ·· 19
   4.1 壮族干栏建筑 ·· 19
   4.2 侗族风雨桥 ·· 20
   4.3 侗族鼓楼 ·· 21
   4.4 苗族吊脚楼 ·· 21
   4.5 瑶族米仓 ·· 22
   4.6 毛南族民居 ·· 23
   4.7 容县真武阁 ·· 23

5 千年古镇 ·· 24
   5.1 黄姚古镇 ·· 24
   5.2 大圩古镇 ·· 25

5.3 兴坪古镇 ·· 25
　　5.4 扬美古镇 ·· 26

6 历史馆址 ·· 27
　　6.1 昆仑关战役旧址 ·································· 27
　　6.2 八路军桂林办事处旧址 ·························· 27
　　6.3 金田起义地址 ···································· 28
　　6.4 中国红军第七军军部旧址 ······················· 29
　　6.5 柳州柳侯公园 ···································· 29
　　6.6 梧州中山纪念堂 ·································· 30
　　6.7 凭祥友谊关 ······································· 31
　　6.8 百色起义纪念馆 ·································· 31
　　6.9 桂林靖江王府 ···································· 32

7 人文风情 ·· 33
　　7.1 阳朔西街 ·· 33
　　7.2 印象刘三姐 ······································· 34
　　7.3 北海老街 ·· 34
　　7.4 巴马长寿村 ······································· 35
　　7.5 广西民族博物馆 ·································· 36
　　7.6 柳州文庙 ·· 37
　　7.7 恭城文庙 ·· 37
　　7.8 梧州骑楼城 ······································· 38

8 节日习俗 ·· 39
　　8.1 花炮节 ··· 39
　　8.2 上灯节 ··· 39
　　8.3 三月三壮乡歌圩 ·································· 40
　　8.4 盘王节 ··· 41
　　8.5 芦笙斗马节 ······································· 41
　　8.6 龙母文化旅游节 ·································· 42
　　8.7 依饭节 ··· 42
　　8.8 漓江渔火节 ······································· 43
　　8.9 东盟博览会 ······································· 43
　　8.10 国际民歌艺术节 ································· 44

少数民族

广西是一个多民族聚居的省份。世居民族有 12 个，少数民族人口总数居全国首位。广西人口分布中，壮族为主体，瑶族占全国瑶族人口的 60%，仫佬族占全国仫佬族人口的 90%，整个京族均居住于此。环江毛南族自治县是全国唯一的毛南族自治县。

1.1 壮族

壮族是中国少数民族中人口最多的一个民族，广西是壮族的主要聚居地，在全区均有分布，以南宁、崇左、百色、河池、柳州居多。宋代史籍称壮族为"撞""僮"，1949 年改称"僮"，1965 年改为"壮族"。壮族有自己的特有文字——古壮文（方块壮文），但使用面不广，主要是部分壮族老人用于记事、山歌等。壮语（也称

"壮话")作为壮族的语言,至今仍有大部人使用,以南宁武鸣壮话为标准语言。随着汉语的使用频率增加,壮语使用也有渐少趋势。

作为"中国四大名锦"之一的壮锦是壮族人民智慧的结晶,发展已经有一千多年的历史,图案新颖,手工细腻,使用面广,远销国内外。壮族服饰主要用草本植物、鱼塘深、薯莨染成蓝、黑、棕三种颜色,男子与女子、已婚与未婚的服饰在领口、衣襟、腰带、头饰、布鞋等处有差异。绣球作为壮族的传统手工艺品,是男女的定情信物和吉祥物。壮族人民能歌善舞,会定期举行山歌会歌圩,以农历三月三最为隆重。山歌的类型多样,寓意深远。刘三姐是唱山歌的典型代表。

1.2 瑶族

瑶族是一个古老的民族,是中国乃至世界最长寿的民族之一。广西是全国瑶族人的主要分布地,大部分以大分散、小聚居的特点居住在偏远山区。目前主要聚居在都安、巴马、金秀、富川、大化、恭城等瑶族自治县。其中,金秀瑶族自治县被称为"世界瑶族之乡",巴马瑶族自治县有着"世界长寿之乡,中国人瑞圣地"的美誉。瑶族有自己的语言但无文字,支系多,语言复杂。信歌是以歌代信的歌谣,反映瑶族人民的真实生活。瑶族服饰充分体现了瑶族妇女心灵手巧、极其爱美的特点,"五色衣裳"是瑶族的

主要色彩服饰，具有丰富的神话和历史内涵，也象征着瑶族人民对生活的热爱。瑶锦图案取材于生活，其中的花草家禽等演绎得栩栩如生。瑶族人爱戴银饰，银饰种类多样，各具特色。瑶族节庆众多，其中盘王节和达努节是民间最为盛大的节日。

1.3 苗族

苗族于唐宋时期迁入融水瑶族自治县，现今主要分布在融水、隆林、三江、龙胜四县。苗语是苗族的语言，由于迁徙频繁，现在形成了差异较大的几种方言。苗族有自己的文字，但是使用不多，有一部分已经失传。苗族人民能歌善舞，此类民间文学众多，在传统节日芦笙节中多用芦笙伴舞。铜鼓是苗族人喜爱的一种古老乐器，也是一种财富的象征，每逢重要节庆或者送葬时便会打鼓。苗族服饰因性别、年龄、支系等不同而有所差异，男子一般穿对襟或大襟服装，女子服饰有便装和盛装之分。银饰是苗族女性特有的饰品，她们在节庆、走亲访友、出嫁时都会佩戴。苗锦作为传统工艺品，常常被用作礼物送人，以表深意。吃酸是苗族独特的饮食习惯，他们喜欢将动物肉腌成便于储藏的酸肉。苗年、坡会、社节、芦笙节、斗马节等都是苗族的重大节日。

1.4 侗族

侗族是从古代百越族群的一支发展而来的。广西的侗族主要居住在三江侗族自治县、龙胜各族自治县、融水苗族自治县。侗族自己的语言为侗语，属汉藏语系壮侗语族侗水语支。侗族过去的生活习俗、文化习惯通常借助瑶歌传承。侗族多聚族而居，房屋以"干栏"为主，鼓楼、风雨桥是侗族村寨特有的标志。侗族人民能歌善舞，民间文学多姿多彩，擅长踩堂舞、芦笙舞等，侗剧也已有一百多年的历史。侗族男子喜穿唐装，女子服饰较为复杂，随着社会的发展，传统原始侗族服装逐渐被现代汉服代替。此外，侗锦、侗布、银饰等也独具特色。侗族人民多居住在山区，部分属于高寒地带，他们以种植糯禾为主，喜欢吃糯米饭，搭配腌制的酸菜辅助消化，侗族人还喜欢打油茶。花炮节的"抢花炮"为侗族传统的群体性文体活动，被誉为"东方式橄榄球"。

1.5 仫佬族

仫佬族主要分布在河池市罗城仫佬族自治县。仫佬族的语言为仫佬语，没有自己的文字，通用汉字。仫佬民族的住房一般为泥墙瓦顶的平房，富有人家为砖瓦房，具有挖地炉烧火取暖的传统。仫佬人民爱吃酸辣和喝粥，家家户户都有酸坛，腌制的小菜每餐必备。他们的服饰一般为深青色，以前多为自纺自织，现已不断改装，与汉服、壮服较为接近。仫佬族的神话形态丰富，人民爱好歌谣，几乎每家都有一本歌本。"彩调"是民间流行的戏剧。仫佬人节日众多，流传着许多民间游戏和体育活动，其中依饭节是十分隆重的节日，程序多样，当地群众会身着节日盛装，载歌载舞。

1.6 毛南族

毛南族是广西人口较少的土著民族之一,主要分布在环江毛南族自治县。毛南语与水语较为接近,没有本民族的文字。毛南族学风良好,文化水平较周边其他民族高。比、欢、排、见、耍是毛南族的主要民歌形式,同填、同顶、同拼、同背是毛南族的主要体育活动。他们的住宅建筑形式为干栏石楼。毛南族服装样式较多,概称为唐装或中山装,现在一般都是居住比较偏远的老人才会穿着。花竹帽是毛南族传统的竹编手工品。相对而言,毛南族的特有节日较少,分龙节和春节是最为重大的节日。

1.7 京族

京族是中国人数最少的民族之一,主要分布在与越南接壤的东兴市,聚居在江平镇的"京族三岛"。京族使用京语,与越南语基本接近,现在使用比较多的是粤语方言。由于生活在海边,京族人居住的多为方石砖瓦房屋。京族男子一般都穿及膝长衣;妇女则穿较紧上衣,下着宽腿长裤,部分妇女喜欢染黑色牙齿。斗笠是京族的特色装饰品。京族人以鱼虾为主菜,普遍爱吃糖食,象征着甜蜜与幸福。唱哈节是京族最隆重的传统节日,一般在亭内举行,一边唱歌,一边祭神。

2 多元语言

　　广西人口众多，来源复杂，形成的语言种类繁多，语言文化的多样性已经成为广西的名片。全区共有13种民族语言，其中汉语方言包括粤语、西南官话、平话、客家话、闽方言、湘方言。语言分布多以地域为界限，但相互交错并存的现象也随处可见。粤语的流行范围最广、使用人口众多，在梧州、贺州、南宁、钦州、防城港、北海、玉林、贵港等大部分地区均有分布。西南官话分为柳州官话和桂林官话，是广西较为强势的语言，主要分布在柳州和桂林。平话主要分布在桂林市郊县和南宁市郊县。客家话作为广西的第四大方言，主要分布在博白、陆川、合浦、浦北、钟山等县。闽方言主要分布在西江和南流江两岸地区，以平南闽南话为代表。语言作为一种资源，是民族的财富，它的保护和开发也尤为重要。

3 美食文化

3.1 醇香米粉

　　米粉是广西最常见的美食之一,"柳州螺蛳粉、南宁老友粉、桂林米粉"被称为米粉界的三巨头。此外,广西还有牛巴粉、牛腩粉、酸粉、滤粉、生榨粉、卷粉、猪脚粉、粉利、百合粉、木瓜粉、凉粉、簸箕粉、海鲜粉等。米粉是以大米为原料,经过一系列程序制成条状、丝状的食物。据说米粉起源于桂林,当时秦始皇带领北方士兵攻打桂林,由于他们不适应南方的米饭,为了缓解其思乡之情,就把米磨成粉做成面条的形状。广西各地由于饮食习惯的差异,都有其独具特色的米粉做法,以其质地、汤料、配菜等做法不同而味道不一,深受大众喜爱。

3.2 鸡鸭鱼类

柳州螺蛳鸡： 这是一道特色的火锅，将鸡肉切成小块，螺蛳、酸笋等焖干水，鸡肉爆炒。待螺蛳煮熟后倒入酸笋，味道融合后再加入鸡块，文火煨十多分钟，美味的螺蛳鸡即可食用。

梧州纸包鸡： 这是梧州的名菜，选取本地三黄小母鸡，切成柳梳状鸡块，用香料腌制两个小时，将玉扣纸放油锅炸一分钟，再把鸡肉卷进纸内，放入锅中炸至焦黄，捞出沥干油即可食用。

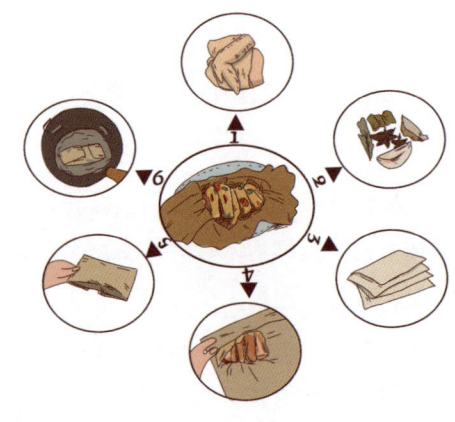

白切鸡： 这是桂南地区比较喜爱的一道菜。将鸡在滚开汤锅内浸烫熟，期间注意控制鸡腔内外温度，待鸡熟后捞起用冷水迅速冷却，使鸡肉外脆里嫩。再把蒜、葱、香菜切成碎末、拌匀，加上生抽和热花生油制成调味酱，鸡肉蘸酱一起吃尤为美味。

武鸣柠檬鸭： 这道菜以其酸酸辣辣的口感深受人们喜欢，选用正宗谷糠喂大的土鸭，配上腌制的柠檬、酸辣椒、酸芥头、酸姜、蒜泥等，鲜香可口。

柳州鸭脚煲： 这是柳州人夜宵必备美食之一，由各种香料秘方炖制而成，煲内食材众多，有鸭脚、螺蛳、芋头、豆腐条、鹌鹑蛋等，既保留着食材各自

的口感,又有混合的鲜味。

全州醋血鸭:这是桂林全州的一道特色菜。选择盛夏上市的仔鸭,将酸醋注入鸭血中,以苦瓜、嫩姜、峨眉豆、花生米、芋苗等其中一种为主配料,待鸭肉焖熟后倒入鸭血即可上桌食用。

蚝油柚皮鸭:这是钦州的一道美味佳肴,将柚子皮用炭烤后过清水浸泡去除苦味,然后将鸭子炸至金黄后焖至适度,再将柚子皮和鸭子放进铜锅,配以耗油、鲮鱼、鸡骨、猪油等煮至入味。

阳朔啤酒鱼:这是阳朔有名的特色菜,到阳朔游玩的人几乎都会品尝,流传着"不吃不知道,一吃忘不掉"的说法。采用取材于漓江或遇龙河的新鲜大鲤鱼,不去鱼鳞,用茶油煎至金黄脆亮,爆香姜丝和蒜瓣,倒入啤酒、西红柿、青红椒和酱料一起焖煮,一道营养价值丰富、伴着香醇酒味外香里嫩的啤酒鱼即可上桌食用。阳朔啤酒鱼已成为阳朔美食文化的一道亮丽风景,很多大排档都会有这道菜,许多游客慕名来品尝,都赞不绝口。

灵马鲶鱼:这道菜在广西饮食界较为响亮,此处的灵马是南宁武鸣县的一个镇。灵马鲶鱼的制作方法较为简单,采用土烧法,讲究原汁原味。选在没有污染水源生长的 0.5~1.3 千克的鲶鱼,从下巴和鱼鳃的三角连接处切开,在鱼肚和上半身分离,然后切成块,用盐、耗油腌制。将水豆腐切成小块,煎至两面金黄,爆炒姜丝和蒜米、西红柿备用。用花生油将鱼块炸至金黄,倒入豆腐和其他配料,加入高汤,大火焖入味后转文火,再收汁,搭配上葱花、香菜,一道肥而不腻鲜美无比的灵马鲶鱼即可食用。

横县鱼生:这道菜被称为"县菜",名气同县名同等。鱼生之所以出名,与其选材、做法等一系列程序紧密相关。产自郁江的野生花鱼和青竹鱼是制作鱼生的佳品。该鱼种肥厚肉甜脆少刺,在精细的刀工下,鱼片结实有劲、雪白玲珑、薄如蝉翼,放入口中,口舌生津。摆盘和配料也是关键,将薄如羽翼、玉色逼人的鱼片铺在干爽的盘上,犹如绽放的花朵,宛如一件艺术品。配料主要有花生油、紫苏、鱼腥草、柠檬、酸姜丝、生抽、胡椒粉等20多种,用蘸料包住鱼生放入嘴中,满口浓香,回味无穷。

3.3 水果之乡

灵山荔枝:灵山位于环北部湾经济区腹地,享有"中国荔枝之乡"的美誉。灵山荔枝被列入"国家地理标志保护产品"名录。荔枝属于亚热带水果,在灵山种植历史悠久,品质优良,主

要品种有三月红、妃子笑、黑叶、桂味、香荔、糯米糍,其中后三者肉厚核小,尤为受人喜欢,可鲜食、做罐头或制干。"日啖荔枝三百颗,不辞长作岭南人"就是对灵山荔枝的高度赞美。三四月份是荔枝的成熟期,为配合互联网+农业的发展,现在荔枝上市之时都会举行推介会,以扩大荔枝的宣传和营销。

平南龙眼:平南龙眼的果种为石夹龙眼。平南县位于广西贵港市,具备的独特气候和土壤条件使得生长于此地的石夹龙眼质优味美,是所有龙眼中味道最好的品种。平南龙眼的鲜果具有肉

脆爽口、味甜清香、肉厚核小、容易剥壳、容易离核、耐储藏和便于运输的特点，正因为平南龙眼鲜果大、果核小、果肉厚、果味美等特点，其得到了人们的喜爱。平南县24.4万亩（1亩≈666.7平方米）的石夹龙眼是从平南县108棵属于龙眼优质品种的石夹龙眼母树中选育繁殖而来的，大大提高了平南龙眼的品质。平南龙眼适于加工元肉和鲜食，加工后的元肉，色泽金黄、肉厚，是重要的补品。

融安金橘：柳州融安县有"金橘之乡"的美称，融安金橘被人们称之为"长寿果"，有止渴生津、消气化痰的作用，是良好的食疗保健品。融安金橘呈金黄色且有光泽，形状为椭圆形，果汁多且味美，皮薄果大，少核。整个果皮上油泡细密使得果皮干香、果肉香甜。融安金橘富有许多人体所需要的营养物质，比如维生素C、酸、糖等。融安金橘有两个优良品种，分别是"普通金橘"和"滑皮金橘"，其中"滑皮金橘"属于珍品中的上品，它脆滑甘甜，没有酸味。十一月是金橘的成熟期，可以采摘销售到来年三月份，是春节人们走亲访友的送礼佳品。

田阳芒果：田阳芒果有"芒果皇后"的美称。田阳县栽培芒果已有60余年的历史。田阳芒果成熟后色泽橙黄、果香浓郁、皮薄肉厚、核狭小扁长、多汁甘甜，是水果中的佳

品。田阳芒果有很好的药用价值，可以生津止渴、润肺化痰、养胃益血、解渴利尿、治疗呕吐，但忌与大蒜等辛辣食物共食；还有防癌抗癌、明目、降低胆固醇、化痰、抗菌消炎的食疗作用。田阳芒果源于吕宋芒而又与吕宋芒有所区别，果实在7月上旬成

熟，风味独特。

荔浦夏橙：得益于种植自然条件和成熟的种植技术，荔浦夏橙品质极佳，深受广大人民的喜爱。荔浦夏橙果实呈圆形、皮色鲜亮、皮薄细滑、肉色红嫩、入口化渣、汁多核少、味道甘甜带点酸、干香宜人，富有人体需要的多种维生素，有化痰止咳、降压美颜、生津止渴、消食健胃、健脑醒酒等功效。被称为"荔浦二宝"的荔浦夏橙成熟于二月中旬到四月上旬，产量多且稳定，品质优良，不仅在国内十分畅销，还远销俄罗斯等国家和地区。

浦北香蕉：浦北县盛产香蕉，有"蕉乡"的美称。香蕉有滑肠减肥、解酒、降血压、润肺等功效。浦北香蕉个大皮薄，整体呈金黄色，肉质细腻厚实，味道香甜，营养十分丰富，不仅可以直接食用还可以制成香蕉干，深受大家的喜爱。浦北香蕉种植面积广且产量高，属于广西大宗水果，品质优良、绿色无公害。成熟期在十月到十二月之间，单果重达100到150克，个体饱满，果实甘香美味。

容县沙田柚：沙田柚由乾隆皇帝御命而来，乳名叫羊额籽，原名杨核子，是中国国家地理标志产品之一。广西容县盛产沙田柚。沙田柚果实的形状有梨形和葫芦形，果实底部有环状印圈，里面有放射沟纹，被称为金钱底或者菊花底。果实个体很大而且形体漂亮，整个果皮呈金黄色，皮薄肉厚，果肉呈虾肉色，味美甘甜、汁水饱满、耐储藏，果实可以保存150到180天，储藏后味道更为甜美，被大家称为水果珍品中的"水果罐头"。

恭城月柿：恭城月柿因晒成柿饼后表皮有一层

白霜像一轮明月而得名。恭城月柿主要种植区位于恭城瑶族自治县的莲花镇,已有千年种植历史,恭城更是有"中国月柿之乡"的美称。恭城月柿的鲜果个大皮薄、色泽鲜亮、肉红透明、肉厚无核、香甜可口,而柿饼像一轮圆月,肉质柔软、味美甘甜、香气袭人。恭城月柿有一个与其他柿子不同的特征,它的果蒂呈四方形,就像铜钱方孔一样。恭城月柿富含微量元素,铁和钙的含量高,营养丰富,食用可以降低血压、治疗胃病。

桂林砂糖橘: 砂糖橘也叫十月橘,是桂林的传统特产。砂糖橘果实顶部有瘤状凸起,蒂脐有凹陷,呈扁圆形,果皮薄、果核少、汁多味甜、无渣、口感细腻。砂糖橘含有纤维素、苹果酸、蔗糖、葡萄糖、果糖、胡萝卜素、维生素C、硫胺素、少量蛋白质、抗坏血酸、尼可酸和人体必需的钠、镁、钙等元素,食用有化痰止咳、补血健脾、润肺清肠等功效。砂糖橘果皮晒干后可用作调味品,注意砂糖橘不可以和牛奶、萝卜大量同食。

3.4 糕点米饭

五色糯米饭: 这是壮族的风味小吃,每年三月三或清明时节,家家户户便会摘取枫叶、黄花、红蓝草等取其汁将糯米染成黑、黄、红、紫,再配上糯米的原色白色,蒸成五色糯米饭,以用作赶圩食用或者祭祖祭神,象征着吉祥如意、五谷丰登。

竹筒饭: 顾名思义为煮在竹子里的饭。香米配肉类作为原材料,放进一节竹筒里面,加上适量的水,用香蕉叶把竹筒的开口封紧,在火中把竹子烤焦即成。竹筒饭有四种不同的风味,分别是黑豆饭、野味饭、黄肉饭、肉香饭。比较常见的野味饭里常加入野猪肉、山鸡肉、蛇肉、鹧鸪肉等，做出来的竹筒饭充满着米香、肉香，吃起来口感软糯，口腔内充满了竹子的清香。竹筒饭具有野炊的特点，通常人们都用来招待贵客，不仅味美且食用时充满趣味。

糯米粑粑：糯米粑粑之所以具有健脾养胃、补中益气、治虚汗的作用，是因为制作糯米粑粑的主要原料糯米粉中含有糖类、脂肪、蛋白质、铁、维生素 B_1、维生素 B_2、淀粉等。糯米粑粑呈扁圆形，口感软糯，香甜可口。制作糯米粑粑的方法十分简单，用糯米粉加水加糖和成面团，再把面团分成小团，把小团放在手上反复揉捏，拍成圆形，加入糖作为馅料，把糖包紧再揉捏成圆饼状，放在锅上烤好即可。

发糕：发糕的种类有玉米发糕、南瓜发糕、红枣鸡蛋发糕、蜜枣甜发糕、红糖发糕、黑糖发糕等，由种类之多也可以看出广大群众对发糕的情有独钟。发糕是用糯米粉制作而成的一种传统食物，属于蒸制饼状食物。发糕做成后色泽洁白如玉、孔细像针，吃起来甜而不腻、软糯又不黏牙，闻起来香味扑鼻、味道清香，极具营养价值，适合儿童和老人食用。

艾叶糍粑：因为艾叶糍粑口感香甜，成为南方的流行美食，常常被南方人用作端午节的美食，而不同的民族有不同的做法，使得艾叶糍粑又有所差异。艾叶具有很好的药用价值，可以治疗宫寒、月经不调、痛经，可以说是广大女性的福音。食用艾叶糍粑不仅可以吃到美味的食物，更能调养身体。因为加入了艾叶使得糍粑吃起来独有艾叶的清香，又因为糍粑用粽子叶包裹有了粽子叶的清香，整个糍粑具有大自然的香味，受到南方不同年龄段人们的喜爱。

3.5 特色风味

酸野：酸野属于泡菜的一种，是两广地区的风味小吃，以南宁酸野尤为出名。制作时，以当地果蔬，如杨桃、芒果、菠萝、木瓜、李子、萝卜、椰菜、番石榴、黄瓜、豆角、生姜、桃子等为主材料，配以酸醋、辣椒粉、糖等腌制1小时即可食用，酸酸甜甜，清爽可口，生津开胃。酸野以其酸、甜、咸、香、脆、鲜，适度而不过，受人们喜爱，街头巷尾都有流动或固定的酸野摊，有着"行人难过酸野摊"之说。

香血肠：作为百色市德保县特色小吃，香血肠对于没吃过的人来说有些许"血腥"。对于德保人，香血肠却是一道佳肴。逢年过节宰猪的时候，人们将猪小肠清洗干净，将大米和猪血磨成米血浆，再加入各种调料，灌入小肠，放入锅中慢煮，熟后捞起切块，蘸蒜酱一起食用，美味无比，百吃不厌。

巴马香猪： 巴马香猪举世闻名，被誉为猪类的"名门贵族"。广西巴马瑶族自治县被称为"中国香猪之乡"。香猪属于土猪，在较为绿色的生态环境下长大。养殖方式为粗放型，吃香稻谷、野草等绿色饲料，又因其以放养为主，得到了经常性的运动，使得香猪肌肉线条更加优美。这些绿色培养方法使乳猪肉具有特殊的香味，拿来烹饪食用甚感鲜香，遂传名为"香猪"。香猪肌肉鲜红、皮薄肉嫩、脂肪洁白、肉质香甜，营养价值高，食用方式多样，有香猪十八吃的说法。其中烤香猪最为出名，指将腌制的猪肉放在木炭上烤制，边烤边抹上蜂蜜。这种金黄色的烤肉走俏大小餐桌。

梧州龟苓膏： 龟苓膏传说是清朝专供皇帝食用的名贵药物，是具有悠久历史的传统药膳，最先生产于广西梧州市。龟苓膏的主要原料是鹰嘴龟和土茯苓，以及生地等药物，再加入蜜糖、牛奶，就制成了一碗冰凉可口的甜品。龟苓膏是国家地理标志产品之一，其性温和，具有滋阴补肾、清热去湿、调节血脂、养颜提神的功效。在炎热的两广和东南亚地区，龟苓膏深受人们喜爱。

客家三宝酿： 客家人有个特别的饮食习惯——逢菜必酿，其中三宝酿是比较著名的美食。客家三宝酿指将酿茄子、酿苦瓜、酿辣椒放在一个盘子中，使整道菜品的形态美观、颜色鲜艳，让人食欲大开。客家三宝酿的苦瓜去心，在其中加入配菜，吃起来鲜香微苦，可以开胃消食、清热解毒、明目败火、暖胃益气；酿茄子时将两瓣儿茄子中间夹肉，看起来像是肉夹馍，口感外软内有嚼劲；酿辣椒可就是爱吃辣人的美味了，吃起来有些辣椒的香气，又有肉的鲜香。客家三宝酿是客家人必备的待客美食。

风味牛杂： 风味牛杂在不同的地方有不同的味道，而广西较为出名的要属玉林牛杂烩。牛杂烩是健康的美食，不仅容易被肠胃吸收，而且牛杂的蛋白质高、营养丰富。玉林牛杂烩包括牛百叶、牛肠、牛光玄、牛肚、牛肉丸、牛黄喉等可口爽脆的牛杂。

家常的制作方法十分简便，先把各种食材切成同等大小的薄片，把薄片加入滚烫的水中煮至八成熟。然后在锅里放油，待油温达到四成热时，加入泡椒、泡姜、酸辣椒爆香，再放入牛杂煸炒，依次加入各种调料继续翻炒。最后加入地雷菜、紫苏、假蒌翻炒几下即可。装盘时，在盘底铺上一层青豆，再放上牛杂，一盘美味可口的玉林牛杂烩就做成了。美味的牛杂，新鲜的汤汁，配上调制的蒜蓉辣椒酱，美味无比。

炒田螺：炒田螺传于梧州历史民谚"鸡汤甜，鸭汤臊，饮着螺汤不抬头！"炒田螺是广西各地的风味小吃。炒田螺最大的特点是炒熟的田螺没有泥腥味，其中起重要作用的原料是紫苏。制作时，选择新鲜的活田螺，让其吐泥后洗干净，将螺尾钳掉，用紫苏、酸笋等多种调料炒熟入味。田螺肉质鲜嫩细腻，有"盘中明珠"的美称，具有滋阴降火、清热明目的功效。盛夏的夜晚，大街小巷的大排档，成群结队的好友一起嗦螺、喝冷饮，再美好不过了。

玉林牛巴：这是广西玉林的传统小吃，是一种牛肉干。玉林牛巴是选用新鲜的黄牛后腿肉做主料（没有黄牛后腿肉，用前腿肉代替也可以，就是口感上差一些），在新鲜的牛肉中加入适量的丁香、小茴香、甘草、草果、八角、陈皮、归身、蒜蓉、柠檬、白糖、胡椒粉、沙姜粉、上好的米酒搅拌均匀，再经过加工制作而成的。玉林牛巴的颜色呈咖啡色，表面油亮，肉质细腻有嚼劲，吃起来咸甜适口、口齿生香、坚而不韧，是送给亲朋好友的佳品。

藕粉：藕粉在广西属贵港的品质好，贵港被称为藕城。贵港人制作藕粉十分讲究，他们为了保证藕粉的质量，一般都是白天挖了多少莲藕，晚上就制作多少藕粉，从不把藕留着过夜再制作。贵港藕粉是用贵港本地产的大红莲藕做成的，所以藕粉颜色偏红，藕粉在冲泡后，香气四溢、晶莹剔透，清新可口、味道鲜美，可以用来充饥,也可以当成补品,老少皆可食用,深受人们的喜爱。

荔浦芋扣肉:荔浦芋扣肉是广西地区汉族的传统名菜。荔浦芋扣肉所用芋头又称芋艿,古称蹲鸱。其由荔浦芋经煮、炸过后,再与调过味的猪五花肉整齐排列蒸制而成。蒸制而成的荔浦芋扣肉色泽金黄,吃起来肥而不腻,肉质酥松软嫩,风味独特,富含营养,具有健脾开胃、补气益肾等功效,是人们节日和婚嫁席上必不可少的特色菜。

荷叶粉蒸肉:民间根据关羽的部将周仓的故事创造出荷叶粉蒸肉这一绝妙佳肴,一直流传到今天。荷叶粉蒸肉由经调味的猪肉和炒熟的米粉混合再由荷叶包裹起来蒸制而成。荷叶是"药食两用"的食物,使粉蒸肉既有荷叶的清香,又有荷叶绿黄的色泽。荷叶粉蒸肉具有助脾开胃、清热解毒、降胆固醇、调和五脏等功效,是人们逢年过节宴请客人的美味佳肴。

打油茶:打油茶又称"吃豆茶",起源于唐代。打油茶以油炸糯米花、炒花、炒米和新茶配制而成。有些地方加入葱花、粉肠配制成不同风味的打油茶。打油茶具有香气怡人、油而不腻的特点,并有祛湿避瘴、健胃暖身、提神醒脑等功效,是侗族、瑶族所喜爱的食品,属于日常生活中用来宴请客人必不可少的美味。

4 特色民居

4.1 壮族干栏建筑

壮族干栏建筑是中国古建筑遗产的一部分,这种建筑在木柱底架上建造高出地面的房屋,多为杉木穿斗式结构,一般分为三个部分,阁楼存放粮食,上层用于住人,下层可用于喂养牲畜、堆放杂物等。该建筑外观简约大方,美观实用,具有良好的通风防潮效果,体现了壮族人民的智慧和勤劳。但随着时代的发展,干栏建筑已经逐渐被现代楼房代替,只有比较偏远的村寨还保留着。由于木质结构耐火程度较低,因此做好消防工作是保护干栏建筑的主要要求之一。

4.2 侗族风雨桥

侗族风雨桥十分著名,全用木料筑成,是侗族人民的标志物。传统交通建筑的风雨桥,又名"花桥",它能为人们遮风避雨。风雨桥是侗族的一座独特木桥,用木料做桥、塔、亭,用木板铺桥面,桥的两边建有栏杆、长凳,桥顶用瓦片制成,形成一条长廊形走道。在石桥墩上建的塔、亭,有许多层,檐角翘起,雕梁画栋,层顶还用宝葫芦来装饰,被称作是世界上十大最不可思议的桥梁之一。现在建造风雨桥已成为侗乡的一项公益事业,跨水而修,随处可见。风雨桥结构严谨,极富民族气息,与青山绿水交融,宛如一幅水墨画。典型代表是坐落于广西柳州市三江县的程阳风雨桥,又叫永济桥、盘龙桥,属于全国重点文物保护单位。

4.3 侗族鼓楼

鼓楼被称为侗族的三大国宝之一,是侗乡不拘一格的建筑物。它的风格独特,据说与巢居有紧密关系,一个族姓一座鼓楼。鼓楼高耸巍然,气势宏伟,最高21层,重檐均为单数。飞阁垂檐呈宝塔形,登高可见侗族的美丽风光。瓦檐上有许多彩绘或雕塑的美丽图案,五彩缤纷,云腾雾绕,顶尖成串葫芦型,直刺苍穹。侗乡是歌的海洋,鼓楼成为民间艺人相互传歌、一起编侗戏的重要场所。日常生活中,老年人在鼓楼教歌,青年人在鼓楼唱歌,幼儿在鼓楼学歌。建造时,采用杠杆原理,用杉木凿榫把鼓楼连接起来。鼓楼高密度重檐叠加,其结构坚固紧密,数百年来不倒不斜,是中国建筑艺术的瑰宝。

4.4 苗族吊脚楼

苗族人多分布在山区,依山而住,因底部湿气较重不宜居住,构建了一种通风性能较好又干爽的木楼,称为吊脚楼。吊脚楼属于半干栏式建筑,与壮族干栏式建筑有相似之处。苗族吊脚楼建于倾斜的山坡,通常需要四道工序才能完成。吊脚楼一般分两层或三层,远离地面,能防毒蛇野兽。最上层为阁楼,层高很矮,一般只放粮食不住人。最底层用来搁置杂物或作牲口圈。中间层用于住人,设有堂屋和卧室,中堂的前檐下装有"美人靠"。以前吊脚楼的墙用竹编糊泥而成,用草作顶,现在多用瓦顶代替。吊脚楼有极其深刻的文化内涵——空间宇宙观念,体现在吊脚楼正梁中央的神秘象征符号。符号呈圆形,分内层和外层,外层用朱红或墨汁绘制;中心为红色,像"卵"形,整个形状十分奇特。因其较高的文化内涵,摆脱了原始性,故吊脚楼被称作巴楚文化的"活化石"。

4.5 瑶族米仓

瑶族米仓也是一种属于干栏式风格的圆形建筑物,是瑶族的一个支系——白裤瑶的高脚谷仓。谷仓主要建在由四根木柱支撑的一块方形木板上,四根柱子上面安装了四个倒装的陶罐,为的是防老鼠偷吃粮食。瑶族米仓与在广西合浦县汉墓中发现的谷仓模型形状十分相似。

 ## 4.6 毛南族民居

　　毛南族人生活在群山环绕的地区，与山中的石头结下了很深的情缘，为了进行农业生产和适应地理环境，就地取材构筑房屋。毛南族房屋用石柱作楼柱，楼内的台阶也是用石头做的，地基和墙、门槛、桌子、凳子、水缸等也用石头做成，在石制用品上雕刻的花鸟鱼虫更是美妙绝伦。房屋分为两层，上层住人，下层圈养牲口或堆放杂物，房前设置有晒台。这种用石材建成的干栏型房屋，房屋自上而下，由里到外，从柱架构造到家用器具使用大量的石头，因此房屋的保留时间长久，且不拘一格。

 ## 4.7 容县真武阁

　　真武阁位于玉林市容县，是中国江南四大名楼之一，其他名楼分别为岳阳楼、黄鹤楼、滕王阁。真武阁建于明万历元年，属于全国重点文物保护单位，被称为"我国建筑史上的一颗明珠"。真武阁，阁三层，三檐，呈方塔形，巧妙地串联吻合，其结构举世无双而奇巧，在受多次地震和大风的冲击后依然安然无恙，被称为"天南杰构"。登上阁顶眺望，可见广阔的平原、巍然的东南山，气势磅礴。真武阁有三大特色：一是不用石头作地基，听起来像是地基不稳，但却千年不倒；二是阁中全部是木隼结构，不用钉子也能稳如泰山；三是二楼只用四根木柱承受楼板、梁等的全部重量，柱脚悬空而不落地。全阁都是木质结构，充分体现了人们的智慧和建造的科学。

5 千年古镇

5.1 黄姚古镇

　　黄姚古镇位于广西贺州市昭平县，由于古镇上黄、姚两姓居多，故称黄姚古镇。2007年，它被评为"中国历史文化名镇"，2009年，被批准为4A级景区。古镇保留着明清时期的古建筑，有古戏台、古街、古井、宗祠、庙宇等建筑遗产，还保留着完整的青石板街、亭台楼阁、楹联匾额、寺观庙祠等独特的建筑，具有较高的艺术价值。古镇至今保持着比较原始纯美、民风淳朴的格调。豆豉、酸梅、黄精等，都是黄姚古镇的特产。

5.2 大圩古镇

具有千年历史的大圩古镇位于桂林市漓江东岸,因其"大",在明朝便是广西四大古镇之一。古镇沿着漓江边延伸,长约2千米,青石板铺在窄窄的街道上,延绵的老房子分布在石板路两旁。大圩古镇中的民居建筑均有数百年的历史,坐落南低北高,多为青砖和青瓦,房子布局合理,为三进或四进式,集商、住于一体。大圩古镇在北宋时便成为著名的商业繁华集镇,平常赶圩人数高达一万多人,泊船至少二三百艘,商业文化深厚,特色鲜明。光绪帝曾在《临桂县志》中称古镇为"水陆码头",在抗日时期也有"小桂林"的称号。如今古镇中还有老式理发店、竹编作坊、传统的丧葬用品店、草鞋作坊、草医诊室等古老的手工作坊。漫步在青石板上,两旁的古宅似乎在诉说着一个个悠久的故事。

5.3 兴坪古镇

兴坪古镇位于桂林市阳朔东北部。漓江在古镇绕了一个大圆弧,形成一条美丽的碧波玉带。古镇风景荟萃,依山傍水,石板小巷粉墙乌瓦,保留着众多文物古迹,是漓江沿岸最美的旅游重镇。阳朔县兴坪镇拥有丰富的旅游资源,分布着许多精美风光,比如九马画山、榕潭揽胜等富含深远寓意的景点。美国前总统克林顿到访过的渔村,印制在20元人民币背面的大河秀丽风景都在兴坪,渔村保留的许多文物古迹,每年也吸引大量游客前来游览。古街虽然不长,但古桥、古树、古戏台等保留着原有的历史风貌,身临其境,别有一番风味。

5.4 扬美古镇

扬美古镇位于南宁市，始建于宋代，距今已有上千年的历史。古镇位于左江下游，三面环山，河水清澈，江上烟雨蒙蒙，意境悠远，清荷飘香，层峦叠翠，古树参天，远离城市喧嚣，一派平和宁静的田园风光。扬美古镇现有 700 余栋明清建筑，是目前南宁市保留古建筑较完整的古镇。在明清时期当地曾出过不少进士、举人和贡生。扬美古镇曾作为商品集散地，繁华一时，素有"小南宁"之称，曾被评为南宁市"十大景观"之首。扬美以奇石、碧水、金滩、古镇、怪树、老街著称，古镇更有两处胜迹，其一为辛亥革命先贤梁植堂、梁烈亚在古镇金马街的故居，另一处为乾隆元年的魁星楼。扬美古镇有丰富的自然和人文景观，代表景点有清代一条街、明代民居、魁星楼、黄氏庄园、古埠码头等。最著名的扬美"古八景"至今依然可以找寻。远离城市的古镇、古巷、陈宅诉说着宁静与安逸，成为南宁市民休闲的好去处。

6 历史馆址

 **6.1 昆仑关战役旧址**

昆仑关战役旧址位于南宁市兴宁区，为大明山余脉。1939年日军攻陷南宁，中国军队发起了反攻，连续攻打14天后击毙大量日军，取得了胜利，同时我军也付出了惨痛的代价。昆仑关战役的胜利，大大打击了日本军队，开创了抗日战争胜利的战例，鼓舞了我军抗战的信心。战役结束后在昆仑关修建了抗日将士的墓碑、纪念碑等。2000年，战役旧址被列为广西壮族自治区文物保护单位。2006年为了加强对昆仑关遗址的保护，古关楼进行修复，成立昆仑关旅游风景区，并列为国家重点文物保护单位。博物馆内展示了日本画册以及日寇作战使用过的刀、枪、望远镜等文物，成为日本侵占中国的有力证据。2017年，昆仑关战役旧址被列入《全国红色旅游经典景区名录》，成为爱国主义教育和国防教育的示范点，每年吸引大批游客参观。

 **6.2 八路军桂林办事处旧址**

位于桂林市中山北路的八路军桂林办事处于1938年11月建立，

成为广西抗战的主要基地，旧址属于广西重点文物保护单位。抗日战争期间，广州被日军攻陷，大批爱国志士在广西桂林市聚集商讨并开展爱国主义抗战策略。1938年，为了适应抗战形势的需要，周恩来、董必武、叶剑英等同志领导并成立了八路军桂林办事处。八路军桂林办事处广泛接触和团结包括郭沫若、田汉等在内的各界进步文化人士和爱国群众，引导抗战文化的发展，从此，桂林成为蜚声中外的抗战文化名城。1949年后，党和政府对办事处旧址十分重视，多次对其进行修缮和保护，于1977年正式成立八路军桂林办事处纪念馆并对外开放。自开放以来，纪念馆接待了许许多多的中外游客。1987年，八路军桂林办事处旧址增设辅助陈列室，现如今收藏有1000多件革命文物，共展出近400件文物、照片和文献。2017年1月，八路军桂林办事处旧址被列入《全国红色旅游经典景区名录》，成为全国爱国主义教育示范基地，每年都有大批游客前来参观学习。

6.3 金田起义地址

金田起义地址是中国历史上规模最大的农民起义——太平天国运动的原址，坐落于广西桂平市北部金田镇犀牛岭，是全国第一批重点文物保护单位。1979年建造金田起义陈列馆。1980年建造陈列室，举办金田起义文物陈列。1987年在原址修建纪念性建筑"北王韦昌辉故居"。1990年立洪秀全全像一尊。金田起义地址下辖的文物保护点分别是韦昌辉故居、新圩三界庙、傅家寨、古林社、风门坳。它见证了中国历史上规模最大的农民起义，在对有关此事件的历史研究方面具有重大的历史研究价值和意义，每年都有许多的游客前来参观学习。金田起义地址于 2011 年被列入《全国红色旅游经典景区名录》，跨入全国红色旅游景点景区行列，成为开展爱国主义教育和国情乡情教育的基地。

6.4 中国红军第七军军部旧址

中国红军第七军军部旧址位于百色市粤东会馆内，是百色起义的总指挥部，由邓小平同志亲自题名，属于全国重点文物保护单位。粤东会馆始建于康熙五十九年，具有古色古香的建筑特征，已成为广西规模最大、保存最完好的古建筑。红七军军部旧址是邓小平、张云逸同志等曾经指挥工作过的地方，这里成为他们度过革命斗争峥嵘岁月之地。旧址通过修复还原了当初的模样，着重介绍了邓小平领导百色起义的光辉业绩和红七军的战斗历程。纪念馆的建筑雄伟壮观，不仅是革命历史文物的陈列，还是一道美丽的风景。此地已成为广西人民缅怀革命先烈的圣地，先后接待过江泽民、朱镕基等三十多名国家领导人，已成为红色旅游的一个亮点和全国爱国主义教育示范基地，每年吸引大量游客慕名前来参观。

6.5 柳州柳侯公园

柳侯公园坐落于广西柳州市柳江北岸，是国家 AAAA 级景区，也是广西唯一的国家重点公园。柳侯公园的建设目的是纪念和缅怀唐代大文豪柳宗元。柳宗元曾任柳州刺史，在任期间为柳州的建设做了许多努力和贡献。一千多年来，柳州人民为了感谢和缅怀柳宗元，在春秋季节都会进行祭祀。柳侯公园有许多闻名的景点：罗池，由于柳宗元常在此散步，且池畔有庙而名声大噪；柳侯祠，最早建于宋代，是柳州人民为了纪念缅怀和感恩柳宗元而建的祠堂，古朴轩昂；衣冠墓，松柏拥翠，葬有柳宗元的衣冠，是柳州人民为了怀念感激柳宗元而建的；柑香亭，柳宗元在此写了大量的诗篇，其中的《种柑诗》被百姓广为流传，便由此亭而来。柳侯公园对历史研究具有重要的意义，获得许多荣誉，于2012年被评为市级文物保护单位，2013年获第十九届亚洲金旅奖。因此，慕名前来参观的游客数不胜数。

 6.6 梧州中山纪念堂

  梧州中山纪念堂是为了纪念孙中山先生而建的，它坐落于梧州市中山公园内。梧州人民为了感激和缅怀孙中山先生在梧州期间领导梧州人民建设家园、治理西江航道等功绩建设了梧州中山纪念堂。该纪念堂展厅通过大量的孙中山先生的生平事迹图片、文物复制品及其亲属与后裔图片，向我们介绍了孙中山先生在1921—1922年先后三次驻节梧州指挥北伐的动人事迹。中山纪念堂是李济深倡议修建的，于1930年建成后，作为市政活动的场所和爱国主义教育基地，积极推动了梧州市人民爱国运动的开展。梧州中山纪念堂对研究20世纪中国伟大爱国主义者孙中山先生的思想和理念具有重要的价值和意义。具有中西合璧建筑特点的纪

念堂于 1981 年被列为自治区文物保护单位,吸引众多中外游客,成为参观游览胜地。

 **6.7 凭祥友谊关**

友谊关作为我国九大名关之一,坐落于广西凭祥市西南端,对我们国家的政治、经济、文化发展都具有重大的历史意义。在汉朝时期,友谊关最初叫雍鸡关,经过多次更名,1965 年经国务院批准正式命名为友谊关。友谊关的左右城墙是有差异的,左侧是弼山城墙,右侧为右辅山城墙。友谊关在历史的长河里经历了悠久的沧桑岁月,清朝时期,法国侵略军进犯镇南关,中华民族英勇顽强抗击,沉重打击了法国侵略者的气焰。1939 年,侵华日军占领镇南关,烧毁关楼,在共产党的领导下中国人民顽强激战取得胜利。友谊关是一座名副其实的古老宏伟关楼,见证了中华民族不畏外来侵略、英勇奋战、顽强抗击并取得胜利的历史。友谊关于 2006 年正式被国务院批准列入第六批全国重点文物保护单位,现如今每天前往参观的游客数不胜数,也成为中越政治、经济、文化交流的重要通道。

 **6.8 百色起义纪念馆**

百色起义纪念馆坐落于广西百色右江区,是百色起义纪念公园的一部分,1996 年以前被命名为"右江革命文物馆",之后由江泽民总书记为其题写了馆名"百色起义纪念馆"。馆内设有"百色

风雷""革命英杰""邓小平与百色""建设新百色"等多个展厅。"百色风雷"通过序厅、起义厅、英烈厅、功臣厅、小平厅五个部分,讲述了百色起义的过程及其重要的历史地位。展厅通过图片声光,让游客仿佛穿越到那战火纷飞的年代,深刻体会百色起义的境况,加强对参观者的爱国主义教育。展馆还特别展示了邓小平同志当年在红七军军部起居室用的油灯、被子、床铺、笔砚等物品。纪念馆自开馆以来,先后接待了胡锦涛、温家宝、罗干、李长春等中央领导人,前来参观的游客达百万人次,遍布海内外许多国家和地区。

6.9 桂林靖江王府

　　靖江王府属国家 5A 级景区,是明朝藩王靖江王朱守谦的藩王府,最早建于洪武二十五年,位于广西桂林市漓江西岸。其建筑规模宏大,门深城坚,气势恢宏,已经成为桂林市作为历史文化名城最显著的标志。靖江王府有许多著名的景点,如独秀峰、王府、贡院、月牙池、摩崖石刻等,外围有国内保存最为完好的明代城墙,城内有许多保留至今的名胜古迹。桂林举世闻名的独秀峰屹立于靖江王府之中,成为众山之王,成为桂林的历史人文奇观。靖江王府历史文化底蕴十分深厚,历史地位特别重要,不仅成为桂林市旅游名城的重要标记,对历史研究参考也具有重要的意义。自古以来,靖江王府是桂林城市文化的发祥地,建于此地的广西贡院,屡出状元,现今也是广西师范大学的王城校区。靖江王府于 1996 年被列为国家重点文物保护单位,涵盖了桂林三大历史文化体系,作为旅游名城桂林的典型代表,每年都吸引着成千上万的中外游客慕名参观。

7 人文风情

7.1 阳朔西街

阳朔西街建于1674年,其所在地在阳朔漓江边上,三面环山。阳朔西街又称洋人街,是一条充满中国历史文化元素又洋溢着西方色彩的街道。孙中山先生曾经在此演讲,徐悲鸿先生也曾  在此居住,成百上千的总统、总理、部长到访过。西街作为中西文化的融合点,其餐厅、旅店、酒吧、艺术品店等都是中西合璧的效果。作为中国的第一条洋人街,每天会看到众多穿梭于西街的外国友人,他们三五成群在一起喝咖啡、聊天或哼着流行歌曲,惬意而温暖,充满了生活情趣。中西文化相交融的西街,成为中国人学习外语、外国人学习中文的殿堂,许多夏令营、英语角在这里开展。西街至今已有1400多年历史,暗青油亮的大理石路,既有南方小家碧玉式的淳朴,又彰显着异域风情的国际情怀,是国内外游客流连忘返之地。

7.2 印象刘三姐

印象刘三姐是世界上最大的山水实景演出剧场,剧场位于漓江与田家河的交界处,其对面是闻名中外的阳朔书童山,镶嵌于大自然之间。这颗大自然中的宝石,集桂林当地风俗文化及艺术气息、秀丽山水于一身,不仅给人以物美、景美的享受,更是让人在文化的熏陶中流连。2002年,著名导演张艺谋在此拍摄了全国第一部山水实景演出,即

《印象·刘三姐》——中国·漓江山水剧场之核心工程。印象刘三姐这个纯天然的大剧场,是一个值得去探究、游玩的地方,因这里不仅山美、水美、人也美,还能看到甲天下的桂林山水的一角,更能感受一番桂林壮族人民的热情,倾听刘三姐的故乡和故事。

7.3 北海老街

北海老街位于北海市海城区珠海路,全长1.44千米,宽9米,建于1883年,是一条名副其实的老街。老街起源可追溯到19世纪中叶,形成在1927年左右。那时西方的建筑风格正不断地流入我国,位于沿海城市的北海当然也会受其影响,经过差不多半个世纪的融合,形成了现在的骑楼式建筑。老街的街道现虽逐渐老化,

但保存还算完整，曾被国内外历史学家和建筑学家们称为"近现代建筑年鉴"，著名作家舒乙曾建议老街应像新加坡国家级老街般保护。老街的生活是丰富多彩的，不但有酒肆歌坊，还有蕴含着中国元素的舞龙、舞狮、粤剧等娱乐活动。老街中的故事是说不尽、道不完的，如咖啡晚、庭辉的创业故事，沙毛脚夫妇传说，还有瑞园的传说。这些无不吸引国内外的游客，更重要的是，这里全天免费开放。若要逛完这条街大约需五个小时的时间。

7.4 巴马长寿村

巴马长寿村指广西河池市巴马瑶族自治县甲篆乡平安村巴盘屯，是位于桂西北山区的一个神奇而美丽的地方，因这里的百岁老人人口比例全国乃至全球最高，被誉为"长寿之乡"。巴马人长寿的因素主要是优质的自然环境，包括负氧离子高的空气、无污

染的水源、相对较高的地磁、适合的光照、微量元素的摄入、天然生态的食品等。巴马长寿村被誉为"最适宜人居住的小城",众多海内外游客慕名前往,更有科学家进行研究,希望通过对此地的研究来延长人类的寿命。长寿村有令游客向往的水晶宫、百魔洞和百鸟岩,还有令医药学家们惊喜的众多天然草药。

 7.5 广西民族博物馆

广西民族博物馆以展示广西 12 个世居民族的传统文化为主要工作任务,其次是研究周边各省各民族的文化和收藏文物资料。博物馆展示了各少数民族的铜鼓、服饰、建筑和思想文化。博物馆的建筑外形首当其冲,是结合了广西的地域特色和民族特色的铜鼓造型,简易地阐释了其民族特色,鲜明地展示了其宗旨特色。要了解广西必定要先到广西民族博物馆,因为在这里可以了解到广西特有的物质文化、思想文化等。作为一个接受学习教育的好地方,2017 年 12 月,广西民族博物馆入选教育部第一批全国中小学生研学实验教育基地、营地。广西民族博物馆还是一个学习民族文化的好去处,是一个了解广西的平台。它坐落于南宁市的青秀山区,四周风景优美,更是个适合游玩的好地方。

7.6 柳州文庙

柳州文庙又称孔庙,始建于唐贞观年间,为祭祀孔子而建。在唐朝元和十年,柳宗元组织重修,并为之撰写了《柳州文宣王新修庙碑》,但1928年被付之一炬,及至2009年才在柳州市柳江南岸的灯台山西麓重建。现在的文庙主要由大成门、大成殿、崇圣祠、明伦堂、杏坛、文昌塔和登亭台组成。建筑主要以宋代风格为主,并融入岭南的地方样式。文庙内有一尊全国第一大铸铜贴金的高大孔子坐像。重建后的文庙加入了现代霓虹灯进行装饰,夜晚亦能在黑暗的大地上屹立,不愧为"百里柳江"景观带上重要的标志性文化建筑,属于国家4A级景区,现已对当地市民、学生、军官等免费开放。文庙以儒学为核心,为传播儒家文化提供了平台,也利于来自海内外游客对儒学的学习和传播。所以文庙不仅仅是游览的地方,也是一个学习中华文化的好地方。

7.7 恭城文庙

全国四大孔庙之一的恭城文庙,为广西重点保护文物单位,是为了祭祀我国古代著名的政治家、思想家和教育家孔子而建的圣庙。它位于桂林市恭城县,是广西迄今保存最为完整的孔庙。该庙为宫殿式的明代建筑,有"华南小曲埠"之称。恭城文庙的建筑布局极具特色,它的门、院、殿宇都贯穿在一条中轴上,有很明显的对称性。建筑左右对称,布局严谨,且庙内的"棂星门"三字由乾隆皇帝亲笔所题。传说孔子讲学所在之地就是恭城庙内一个很宽大的平台，叫杏坛。恭城文庙的崇圣祠是供奉孔子五代祖先的殿堂，历代岁春仲月，都在此举行祭祀来纪念孔子。恭城文庙地理位置优越，坐北朝南，俯视茶江，依山而建，背靠西山，呈现出一派庄严肃穆。

7.8 梧州骑楼城

梧州骑楼城位于梧州市河东老城区，骑楼的高度虽不高但数量多，规模庞大，世界罕见，被称为"中国骑楼博物城"。骑楼集巴洛克的建筑装饰符号和中国传统式居民楼，以及现代化元素于一体，成就了既具中国特色又含欧式特点的骑楼建筑。因现代化元素的融入，夜晚的骑楼城不减白日的热闹，金碧辉煌的骑楼将其热闹展现得淋漓尽致。骑楼城曾得到著名文化学者肖健的称赞。他还指出梧州老字号特色小吃街是梧州本土特色美食文化的传承地。梧州充分发挥岭南所特有的物质和原料，制成的特色小吃包罗万象，有田螺、龟苓膏等，深得广大爱好美食的游客喜爱。骑楼城的牌坊"中国骑楼城"为时任中共广西副书记潘琦所题，他曾多次考察骑楼城。骑楼城集美食与美丽于一身，是游客们的必至之所。

8 节日习俗

8.1 花炮节

　　花炮节是侗族、壮族、仫佬族的传统节日，一般在正月和二月举行，是最热闹的节日之一。花炮节当天，活动内容主要是抢花炮。这天，方圆百里的人们都会聚集到一起，组织村里强壮的少年参加比赛。抢花炮被外国人誉为"东方的橄榄球"。花炮一般有三炮，也有五炮或者更多，抢到花炮寓意着吉祥幸福。再细分的话，每个花炮都有其特殊的意义，而且要是抢到了花炮还会有额外的奖励。花炮节的举办有效地促进了商业贸易，增进民族团结。又因其历史悠久，民族文化突出，有着较高的知名度，吸引了来自全国各地数万各族同胞和游客来参加和观看，是当地最主要的旅游业活动之一。

8.2 上灯节

　　上灯节是汉族的一个传统节日，流传已久，在每年正月初十上灯。这个节日的意义是庆祝家里"添丁"（"添灯"），后继有人，家庭兴旺。正月初十这一天，会出现三大奇观，一是街上挂满花灯，非常漂亮，要上灯的人家一般都会买两盏花灯，在节日当天上灯，到正月十六才会落灯；二是庆祝的人家非常多，以至于全市的饭店都爆满，一天都不停歇；三是几乎所有市民都会去沾沾喜气，去喝喜酒。另外，节日当天没有喝到喜酒的人，可以在十六日落灯日补喝，以表达对主人家的祝贺。

8.3 三月三壮乡歌圩

三月三是壮族的传统节庆，这一天每家每户蒸五种颜色的糯米饭，染彩色蛋，共度这个欢乐的节日。歌圩一般持续两三天，以男女青年为主，老人小孩和其他外来民众也会赶来助兴，附近居民会给他们提供食宿。青年男女无论相识与否，对山歌时观察对歌者，如果情投意合就会以歌回应和交换定情信物。节庆中还会有集民族性、本土性、互动性为一体的文体活动和经济贸易活动，如舞狮子、抛绣球、抢花炮、唱剧、竹竿舞、壮家宴、商品展销交易会等，吸引了男女老少前来观看。除了歌圩，部分壮族地区的祭祀扫墓也在这一天举行，远方的人们会回来和整个家族一起带着祭品到墓地祭跪。三月三歌圩活动中规模最大的要数南宁市武鸣县每年都会隆重举行的歌圩暨骆越文化旅游活动。2014 年，"壮族三月三"申遗成功，大大推动了壮族文化迈向更高、更广的舞台，农历三月三广西全区人民享受两天假期。

8.4 盘王节

每年的农历十月十六是盘王节,是瑶族人民为了祭祀先人的一个重大的节日。关于盘王节的传说,主要有盘瓠说和创世说两种,传说都与盘王有关,有说盘王在十月十六日死去,也有说盘王的后代是瑶族人民,还有说盘王救了瑶族人。盘瓠就是盘王,人们在这一天杀牲祭祀,设宴款待亲友,无论老少,都会盛装出席,唱歌跳舞,以此来追念祖先。与此同时,人们也会庆祝丰收,尽情欢乐。对于青年男女来说,他们可以在这一天开展对歌的活动,通过对歌也许可以找到自己人生的另一半。

8.5 芦笙斗马节

11月26日是芦笙斗马节,1987年,融水县政府确定了这一节日。这个节日又称为"中国融水苗族芦笙斗马节",曾被评为"中国最具特色民族节庆",自2000年以来,当地每年都会举办这

个节日,吸引了来自各个地区的游客,为当地的旅游经济增添了一大笔可观的收入。这个节日有一个很有趣的起源,因为苗族的姑娘都喜欢斗马的能手,如果很多小伙子喜欢一个姑娘,那么他们常常通过斗马这种形式来决定谁可以得到这位美丽姑娘的芳心。

在斗马节这一天，人们都盛装出席，斗马场非常热闹，来自各个地方的斗马能手都齐聚此地，想要一较高下，几轮较量之后就会产生优胜者，接受人们的祝贺，而马的主人如果是一位少年郎，还会得到很多少女的青睐。

8.6 龙母文化旅游节

龙母文化旅游节是每年农历十月三十、十一月初一在广西梧州龙母庙举行的节庆活动，主要为了传承龙母传统文化。相传龙母是一位爱护百姓的女首领，受到人们的拥护和爱戴，百姓每年都会来到龙母庙纪念她。而龙母庙又因其独特的建筑特色，在龙母诞观光活动期间吸引了来自各地的游客，推动了龙母文化和当地旅游业的发展。龙母文化蕴含着人们对龙母的信仰，因为传说中龙母是一个能为民造福并且带来好运的神奇人物。龙母文化潜移默化地影响着一代又一代人。

8.7 依饭节

依饭节是仫佬族最重要的节日，一般是每隔3年的立冬后举行。因为依饭节是仫佬族特有的节庆，所以是仫佬族传统文化的主要特征。依饭节又称喜乐节，这一天人们庆祝丰收，尽情欢乐。关于依饭节，传说一个善良的白马姑娘救了被兽王——神狮残害的老百姓的一个故事，因此，老百姓每年都会纪念白马姑娘，这个纪念活动就成为后来的依饭节。依饭节经过一系列改革，祭祀仪式逐渐简化，成了仫佬族人民庆祝丰收和弘扬民族文化艺术的节日。

 **8.8 漓江渔火节**

自 1999 年起，每年的 12 月左右，阳朔县都会举办"漓江渔火节"。漓江渔火是指当地人们在夜间的一种有效捕鱼方式。因为鱼鹰借着渔火可以帮助人们捕获很多的鱼，因此许多渔民通过这种方式捕鱼，从远处看就会呈现很壮观的景象。节日当天，主要以"渔火""烟火""篝火"三把火为主线，开展大型"三火"晚会，还会举行文艺晚会及各种竞赛。漓江渔火节不仅是一种绿色旅游活动，而且很好地向全国各地传播了当地的传统文化，同时，当地的人们也因此得到一笔可观的收入，幸福感大大提高。

 **8.9 东盟博览会**

东盟博览会是从 2004 年开始，每年在广西南宁举办的一个大型展会，同时也是一个多领域、多层次的交流活动。博览会由温家宝提倡，举办目的是为了促进中国与东盟各个国家的友好往来。2004

年以来,通过博览会各国达成一系列重大协议,有力地推动了中国与其他国家之间的合作。博览会共有五大特色,一是进口与出口的相互结合,是一座东盟商品进入中国市场的桥梁。二是投入资金与引入资金相互结合,是中国的优秀企业投资东盟的平台。三是商品贸易与服务贸易相结合,是经贸合作的新增长点。四是经贸盛会与外交舞台,促进了中国与东盟国家的经济发展。五是经贸活动与文化交流相结合,有助于中国更好地了解东盟国家。

8.10 国际民歌艺术节

国际民歌艺术节是自1993年开始在南宁举办的一个大型民歌演唱活动。举办民歌节的目的是为了继承和弘扬少数民族人民的文化艺术,让民歌文化走向世界各地。广西是刘三姐的故乡,所以一直有唱民歌的习俗,当地的人们可以通过对唱山歌,来找到知心朋友或终身伴侣,为了把这一习俗弘扬光大,因此举办一年一度的民歌艺术节。艺术节举行期间,全国各地的朋友慕名而来,节目内容丰富,形式多样,影响力大。国际民歌艺术节曾入选"中国最具国际影响力十大节庆活动",是中国唯一获此奖项的项目。